Wynebau Cymru

Llyfrau Amgueddfa Cymru

Wynebau Cymru

Gan Ann Sumner

Gyda chyfraniadau gan Louisa Briggs, Bryony Dawkes,
Oliver Fairclough, Beth McIntyre a Charlotte Topsfield

Llyfrau Amgueddfa Cymru
2006

Cyhoeddwyd gyntaf yn 2006 gan
Amgueddfa Cymru, Parc Cathays, Caerdydd, CF10 3NP, Cymru

© Amgueddfa Genedlaethol Cymru
ISBN 0 7200 0571 X

Golygu a chynhyrchu: Mari Gordon
Testun Cymraeg: Catherine Jones
Dylunio: A1 Design, Caerdydd
Argraffu: Zenith Media

Rydyn ni wedi ceisio canfod pwy sydd biau'r hawlfraint ym mhob achos, ond byddai'n dda gennym dderbyn unrhyw wybodaeth bellach yn yr Adran Gyhoeddi, Amgueddfa Genedlaethol Caerdydd, CF10 3NP. Dyma berchnogion hawlfraint y delweddau canlynol:
Harold Knight, *Y Fonesig Ffrangcon-Davies (1891-1992)* © Ystâd Harold Knight/DACS 2006. Desmond Chute, *David Jones (1895-1974)* Trwy garedigrwydd Colin McFadyean, ysgutor Ystâd Desmond Chute. Syr John Lavery, *David, Iarll 1af Lloyd George (1863-1945)* trwy garedigrwydd Felix Rosenstiel's Widow & Son Cyf., Llundain. Augustus John, *Dylan Thomas (1914-1953)* © Amgueddfa Genedlaethol Cymru/Llyfrgell Gelf Bridgeman. Lucian Freud, *Cedric Morris (1889-1982)* © Yr Artist. Peter Lambda, *Aneurin Bevan (1897-1960)* © Yr Oriel Bortreadau Genedlaethol, Llundain. David Hurn, *Tanni Grey (g.1969)* © David Hurn/Magnum Photos. David Hurn, *R.S. Thomas (1913-2001)* © David Hurn/Magnum Photos. Nicholas Sinclair, *Kyffin Williams (g.1918)* © Nicholas Sinclair.

www.amgueddfacymru.ac.uk/cy/llyfrau

Nodyn yr Awdur

Mae hi wedi bod yn bleser cael gweithio unwaith eto gydag AXA Art Insurance Cyf., cefnogwyr hael y llyfr yma. Hoffwn ddiolch i Adam Golder, Helen George a Frances Fogel yn AXA Art am eu brwdfrydedd a'u hymroddiad. Diolch hefyd i'm cydweithwyr Louisa Briggs, Bryony Dawkes, Oliver Fairclough, Beth McIntyre a Charlotte Topsfield am eu cyfraniad at y testun, yn ogystal â Mari Gordon, Clare Smith a Penny Smith.

Ann Sumner, Pennaeth Celf Gain, Amgueddfa Cymru

Rhagair y Noddwr

Fel yswirwyr arbenigol gweithiau celf a hen greiriau, mae'n bleser mawr gan AXA Art gefnogi'r ymchwiliad cyfoethog hwn i fyd portreadau Cymru. Mae'r llyfr yma'n wir ddathliad o gymdeithas, diwylliant a chelfyddyd Cymreig – mae wyneb yma i ysbrydoli pob un.

Mae'r llyfr yn cynnwys dau waith comisiwn newydd a noddwyd gan AXA Art ar gyfer arddangosfa *Wynebau Cymru* (Castell Bodelwyddan, 8 Hydref 2005 - 12 Chwefror 2006 ac Amgueddfa Genedlaethol Caerdydd, 3 Mehefin - 24 Medi 2006). Roedd y croeso gafodd y gweithiau hyn mor gadarnhaol nes i ni wneud y comisiwn yn beth blynyddol, a fydd yn adeiladu ar gasgliad Amgueddfa Cymru o 'wynebau Cymru' ar gyfer cenedlaethau'r dyfodol.

Adam Golder, Prif Weithredwr, AXA Art Insurance Limited

Cyflwyniad

Mae'r detholiad yma o weithiau o gasgliad Amgueddfa Cymru'n dangos datblygiad portreadau o'r 16eg ganrif i'r 21ain ganrif. Mae'n dangos amrywiaeth o wahanol wynebau sydd wedi cyfrannu at fywyd diwylliannol, gwleidyddol ac economaidd Cymru dros y canrifoedd. Mae'r lluniau'n amrywio o bortreadau comisiwn oedd wedi eu bwriadu ar gyfer llygaid y cyhoedd neu fel datganiadau o statws cymdeithasol, i arsylwadau personol, gwawdluniau a ffotograffau anffurfiol. Cymeriadau Cymreig adnabyddus yw llawer o'r modelau, ac mae rhai'n enwog ar lwyfan rhyngwladol, er nad yw eu gwreiddiau Cymreig yn adnabyddus.

Yn y 16eg, y 17eg a'r 18fed ganrif, dynion bonedd pwerus, tirfeddianwyr a masnachwyr oedd yr unig bobl oedd yn ddigon cefnog i gomisiynu portreadau. Ond roedd yna grwpiau eraill oedd yn cael eu portreadu'n gyson – yn eu mysg roedd eglwyswyr, awduron ac actorion. Er enghraifft, y clerigwr cynharaf i gael ei gynnwys yn y llyfr yma yw'r Parchedig John Owen, y difinydd Piwritanaidd a beintiwyd ym 1668; yn 2005, Dr Rowan Williams, cyn-Archesgob Cymru ac Archesgob Caergaint oedd un o fodelau comisiwn ffotograffig AXA Art. Y portread cynharaf o ffigur llenyddol yw'r penddelw efydd o 1631 o Edward Herbert, Barwn Herbert Cyntaf Cherbury. Mae'n debyg mai'r Barwn ysgrifennodd yr hunangofiant seciwlar cyntaf yn Saesneg, tra bod comisiwn arall AXA Art yn 2005 yn portreadu'r awdures hynod-lwyddiannus Sarah Waters, a gyhoeddodd ei nofel gyntaf, *Tipping the Velvet*, yn 1998. Er nad yw'r categorïau o fodelau wedi newid rhyw lawer dros y canrifoedd, mae'n anochel bod dulliau portreadu a chyfryngau'r artistiaid wedi newid yn llwyr.

Ddechrau'r 16eg ganrif, dim ond rhyw 350,000 o bobl oedd yn byw yng Nghymru, a ffermwyr tlawd oedd yn byw mewn cymunedau gwledig oedd y rhan fwyaf o'r rhain. Ganed y brenin Tuduraidd cyntaf, Harri VII, yng Nghastell Penfro a chafodd ei orseddiad groeso cynnes yng Nghymru. Llewyrchodd y teuluoedd bonedd cyfoethog yn ystod yr 16eg ganrif yn sgil y Ddeddf Uno. Roedd y grŵp yma'n cynnwys y teuluoedd Herbert, Mansel, Mostyn, Bulkeley, teulu Morgan Tredegar a theulu Wynn Gwydir. Aethant ati i ddatblygu eu stadau, gweinyddu cyfiawnder a gwneud cysylltiadau doeth trwy briodas. Ar y cychwyn, roedd y teuluoedd yn troi at y cyfandir neu Lundain i chwilio am bortreadwyr. Y portreadau cynharaf yng nghasgliad yr Amgueddfa yw Iarll Cyntaf Penfro (a beintiwyd tua 1560-65) a Cathryn o Ferain (a beintiwyd ym 1568), y naill a'r llall wedi eu peintio gan artistiaid o'r Iseldiroedd.

Yn y 18fed ganrif, roedd tirfeddianwyr mawr fel teulu Williams Wynn a theulu Pennant yn noddi portreadwyr llwyddiannus yn Llundain. Erbyn hynny, Saeson oedd y prif bortreadwyr, gan gymryd lle'r gweithdai Iseldiraidd. Yn wahanol i'r Alban, ni ddatblygodd yr un ysgol bortreadau yng Nghymru yn ystod y cyfnod yma. Er i'r artist o Gymro Richard Wilson ddechrau ei yrfa fel portreadwr, trodd at dirlunio – oedd yn fwy proffidiol – a dilynodd ei ddisgybl Thomas Jones yn ôl ei draed. Diolch i'r cynnydd mewn cyfoeth yn y 18fed ganrif, trodd eisteddwyr Cymreig at ddinasoedd Caer a Chaerfaddon i chwilio am bortreadwyr. Un artist Cymreig a gafodd lwyddiant fel portreadwr oedd John Downman (tua 1750-1824) o Riwabon a lewyrchodd yng Nghaergrawnt, Caer-wysg, Wrecsam a Llundain. Oherwydd rhan hanfodol Cymru yn y Chwyldro Diwydiannol, erbyn diwedd y 18fed ganrif roedd grŵp newydd o ddiwydianwyr cyfoethog fel Thomas Williams, y 'Brenin Copr', yn gallu fforddio talu artistiaid blaenllaw o Lundain i beintio portreadau ohonynt.

Y bobl gyfoethog oedd yn cael eu portreadu'n bennaf yn ystod y 19eg ganrif hefyd, ond gwelwyd cyfoeth yn cael ei ddosbarthu'n gynyddol ymysg dosbarthiadau canol Cymru.

Roedd hyn yn golygu bod mwy o bobl yn cadw cofnod o'u pryd a'u gwedd. Crëwyd lluniau byw o bregethwyr a beirdd adnabyddus hefyd, fel y llefarydd tanllyd y Parchedig Christmas Evans a Richard Llwyd, 'Bardd yr Wyddfa', a beintiwyd ym 1835. Erbyn canol y 19eg ganrif, roedd digon o fusnes i'r artist James Flewitt Mullock ddilyn gyrfa yn ardal Casnewydd.

Datblygiad ffotograffiaeth fu'n gyfrifol am drawsnewid natur portreadu yng Nghymru a'r tu hwnt yn y 19eg ganrif. Dyma ffordd rad a chyflym o greu delwedd, oedd yn fwy ffyddlon i'r gwirionedd na thrwy weniaith llygad yr artist. Ond parhaodd yr arfer o beintio portreadau i'r 20fed ganrif, pan gynhyrchwyd rhai delweddau eiconaidd fel portread enwog Augustus John o'r bardd Dylan Thomas a phan ddaeth Margaret Lindsay Williams, oedd yn peintio portreadau'r gymdeithas ffasiynol, i'r maes. Ysbrydolodd hanes diwydiannol cyfoethog Cymru ddelweddau arwrol o'r gweithwyr yn ogystal â pherchnogion y pyllau eu hunain, er enghraifft *Coliar Cymreig* Evan Walters o 1936. Dim ond yn ddiweddar iawn y canfuwyd pwy oedd y model i'r llun.

Mae portreadau ar ffurf cerfluniau wedi bod yn boblogaidd yng Nghymru erioed. Mae enghreifftiau'n amrywio o benddelw efydd Le Sueur o'r Arglwydd Herbert, a gomisiynwyd yn ystod teyrnasiad Siarl I ac sydd ymhlith penddelwau efydd cynharaf Prydain, i gomisiwn Sefydliad Gweithwyr Tredegar i Peter Lambda greu penddelw o Aneurin Bevan ym 1945. Bu'r cerflunydd Cymreig Syr William Goscombe John, a fu farw ym 1952 ar ôl gyrfa ryngwladol hir a thoreithiog, yn ffigur diwylliannol allweddol yng Nghymru, a chwaraeodd ran bwysig wrth greu ein casgliad celf cenedlaethol. Roedd yn aelod anhepgor o Gyngor yr Amgueddfa a rhoddodd gyfraniadau hael rheolaidd at yr Amgueddfa. Fe'i ganed yng Nghaerdydd a chreodd gerfluniau cyhoeddus a chofebion yn ogystal â phortreadau ar ffurf penddelwau, fel un a wnaeth o un o wleidyddion pwysicaf yr

2ofed ganrif yng Nghymru, David, Iarll 1af Lloyd George.

Mae'r llyfr hwn yn ymdrin â'r portreadau Cymreig sydd yng nghasgliad yr Amgueddfa Genedlaethol. Gellir gweld enghreifftiau pellach ac archif o bortreadau Cymreig yn Llyfrgell Genedlaethol Cymru yn Aberystwyth, sydd wedi bod yn casglu portreadau ers ei sefydlu, ac yn yr Oriel Bortreadau Genedlaethol yn Llundain.

Ann Sumner, Pennaeth Celf Gain, Amgueddfa Cymru

Adriaen van Cronenburgh (tua 1520/25-tua 1604)

Cathryn o Ferain, 'Mam Cymru' (1534-1591)

1568
olew ar banel

Merch Tudur ap Robert Fychan o Ferain, Sir Ddinbych oedd Cathryn, ac roedd yn wyres i un o feibion anghyfreithlon Harri VII. Priododd bedair gwaith a chafodd chwech o blant. Daeth pobl i'w hadnabod fel 'Mam Cymru' oherwydd yr holl blant a llysblant oedd ganddi, ac am fod cynifer o deuluoedd yn y gogledd yn perthyn iddi. Mab ac etifedd Syr John Salisbury o Lewenni oedd ei gŵr cyntaf, John. Bu farw ym 1556 ac aeth Cathryn ymlaen i briodi Syr Richard Clough, masnachwr cyfoethog o Ddinbych oedd yn byw yn Antwerp a Hambwrg. Bu farw yntau ym 1570, a daeth Cathryn nôl i Ferain yn wraig weddw gyfoethog. Priododd Morris Wynn o Wydir, a bu farw yntau ym 1580. Yn olaf, priododd Edward Thelwall o Blas y Ward ym 1584 pan oedd hi'n 50 oed. Bu farw Cathryn bum mlynedd yn ddiweddarach, ac fe'i claddwyd yn eglwys Llanefydd gyda'i gŵr cyntaf.

Mae'n debyg i'r artist Ffrisiaidd van Cronenburgh beintio'r portread yma pan oedd Cathryn yn yr Iseldiroedd. Mae'r benglog yn ddyfais gyffredin ym mhortreadau'r cyfnod, ac yn symbol o farwoldeb.

Prynwyd,1957
NMW A 19

William Herbert, Iarll 1af Penfro (1507-1570)

tua 1560-65
olew ar banel

Roedd William Herbert yn gymeriad gwleidyddol a milwrol dylanwadol yn ystod teyrnasiad Harri VIII, Edward VI a Mary I. Roedd yn hynod o falch o'i wreiddiau Cymreig, yn berchen ar dir yn ne Cymru ac yng ngorllewin Lloegr. Anne Parr, chwaer brenhines olaf Harri VIII, oedd ei wraig gyntaf, a chododd i rym diolch i'w dylanwad hi. Roedd yn un o ddeuddeg aelod o gyfrin gyngor Edward VI. Pan goronwyd Mary I ym 1554, cadwodd ffafr, a chafodd ei benodi'n Gapten Cadfridog y lluoedd yn Ffrainc.

Mae'r gwaith yma'n ei ddangos ar ddiwedd ei yrfa filwrol hir a llewyrchus. Mae'n gwisgo arfwisg Eidalaidd, o Filan yn fwy na thebyg, sef y medium cavalry 'demi-lance'. Mae Iarll Essex yn gwisgo'r un arfwisg mewn portread diweddarach o 1577, sy'n awgrymu i Benfro naill ai roi neu adael ei arfwisg yn rhodd i'r gŵr llys ifanc. Mae'r artist yn anhysbys, ond mae'r arddull soffistigedig o beintio'r llodrau a'r arfwisg yn arwyddion sicr mai artist Iseldiraidd oedd e.

Prynwyd, 2000
NMW A 16468

Yr Ysgol Brydeinig

Syr Thomas Mansel a'i wraig, Jane

tua 1625
olew ar gynfas

Teulu Mansel Abaty Margam oedd un o deuluoedd enwocaf y de. Roedd Thomas Mansel (1556-1631) yn Aelod Seneddol dros Forgannwg, oedd yn aelod pwysig o Lys Iago I a phrynodd farwnigaeth ym 1611. Fe'i gwelir yma gyda'i ail wraig, Jane.

Roedd portreadau o barau'n gyffredin yn nhraddodiad portreadu'r 17eg ganrif, ond mae'n anarferol gweld ystum mor dyner â phâr yn dal dwylo. Mae blodyn melyn Mair yn llaw arall y Fonesig Jane, sydd, yn fwy na thebyg, yn cynrychioli eu merch Mary, a ymddangosodd mewn llun cysylltiedig gyda'i rhieni. Mae dillad y Mansels yn awgrymu cyfoeth a chwaeth pâr hŷn – roedd coleri mawr fel hyn yn fwy cyffredin yn ystod y degawd blaenorol. Dyma bortread medrus, a beintiwyd mewn gweithdy yn Llundain yn fwy na thebyg.

Prynwyd,1984
NMW A 16

Cornelius Johnson (1593-1661)

Syr Thomas Hanmer (1612-1678)

1631
olew ar gynfas

Roedd Syr Thomas Hanmer Barc Bettisfield, Sir y Fflint yn was ac yn fenestr yn llys Siarl I. Roedd e'n enwog fel dyn ffasiynol o chwaeth. Bu'n Aelod Seneddol dros Sir y Fflint, ac yn ystod y Rhyfel Cartref cododd fyddin i frwydro dros y Brenhinwyr. Ffodd i Ffrainc wrth i achos y Brenhinwyr bylu ac, fel garddwr brwd, aeth ati i astudio gerddi Ffrengig. Yn y 1650au, ysgrifennodd *The Garden Book of Sir Thomas Hanmer*. Cyflwynodd y tiwlip *Agate Hanmer* i Brydain, a thyfodd winwydd ym Mharc Bettisfield.

Ganed yr artist Cornelius Johnson yn Llundain i rieni Iseldiraidd ac roedd yn boblogaidd yn Llys Siarl I. Roedd yn enwog am ei bortreadau sensitif, cymedrol. Ond rhoddodd dyfodiad Van Dyck i'r Llys ym 1632 Johnson yn y cysgod. Yn wir, peintiodd Van Dyck bortread o Hanmer ddiwedd y 1630au.

Prynwyd, 1944
NMW A 40

Sir Thos. Hanmer. B[M]P
for Flintshire. D.1678

Hubert Le Sueur (tua 1580-1658/68)

Edward Herbert, Barwn Herbert Iaf Cherbury (1581/3-1648)

1631
Penddelw efydd

Ganed Edward Herbert yng Nghastell Baldwyn, a gwnaeth gartref iddo'i hun yno ac ym Mhlasty Cherbury, Sir Amwythig. Fel athronydd, hanesydd, cleddyfwr, cerddor a marchog pwysig, cafodd ei benodi'n llysgennad i Ffrainc ym 1619 ac eto ym 1622-4. Yn ystod y Rhyfel Cartref, bu'n gefnogwr brwd i achos Siarl I. Mae'n debyg mai Herbert ysgrifennodd yr hunangofiant seciwlar cyntaf yn Saesneg ac, heblaw am y teulu brenhinol, gwnaed mwy o bortreadau ohono fe na neb arall o'i oes. Miniatur gan Isaac Oliver sy'n ei bortreadu fel marchog melancolaidd yw'r ddelwedd enwocaf ohono.

Ganed Le Sueur yn Ffrainc, ac mae'n siŵr iddo ddysgu elfennau cerflunio Darddulliol Fflorens gan Eidalwyr oedd yn gweithio ym Mharis. Mae'n debyg iddo gwrdd â Herbert yn llys Louis XIII pan oedd yno fel llysgennad ym 1619. Ym 1625, cyflwynodd Le Sueur grefft cerflunio efydd i Brydain pan ddaeth i Lys Siarl I a chreu penddelw efydd enwog o'r Brenin.

Prynwyd, 1990, gyda chymorth y Gronfa Casgliadau Celf Genedlaethol. Yn gyd-eiddo i'r Ymddiriedolaeth Genedlaethol, Castell Powis.
NMW A 271

John Greenhill (1644-1676)

Y Parchedig John Owen (1616-1683)

1668
olew ar gynfas

Ganed John Owen yn Sir Rydychen, yn ŵyr i Griffith Owen o Dalhenbont, Llanegryn. Fel difinydd Piwritanaidd Annibynnol, cafodd effaith aruthrol ar genedlaethau o bregethwyr Calfinaidd Cymreig. Roedd yn enwog am wrthwynebu'r Archesgob Laud yn y 1630au, ac erbyn amser y Rhyfel Cartref roedd yn Gaplan i Oliver Cromwell. Daeth yn Is-Ganghellor Prifysgol Rhydychen yn ddiweddarach. Er iddo gael ei garcharu yn ystod yr Adferiad, daeth drwyddi'n fyw am fod ganddo gyfeillion yn y Llys.

Mae'n debyg mai'r artist Seisnig John Greenhill oedd y mwyaf diddorol o holl ddisgyblion Syr Peter Lely. Llofnododd Greenhill y portread gyda'i fonogram unigryw. Dyma bortread cadarn ond bywiog o'r clerigwr Piwritanaidd clodfawr yma.

Prynwyd, 1971
NMW A 22

William Hogarth (1697-1764)

Darlun Ymddiddan y Teulu Jones

1730
olew ar gynfas

Comisiynodd Robert Jones (1706-1742) o Gastell Ffwl-y-mwn yn Sir Forgannwg y portread grŵp yma ym 1730. Mae'n dangos y noddwr, sy'n sefyll ar y dde, gyda'i chwiorydd Mary ac Elizabeth a'i frawd iau, Oliver. Ym mhen pellaf y llun ar y dde mewn dillad glas tywyll mae eu mam weddw gyda'i sbaniel. Yn y cefndir, mae gwerinwr ifanc yn ymrafael â mwnci sy'n cyferbynnu â'r cynaeafwyr dyfal sy'n gweithio ar stad y teulu. Philip Mercier, peintiwr llys Frederick, Tywysog Cymru, ysbrydolodd gyfansoddiadau fel hyn a ddaeth i gael eu galw'n ddarluniau ymddiddan. Roedd Hogarth wedi dechrau ei yrfa fel prentis gof aur, ond trodd at ysgythru cyn mynd i hyfforddi yn Academi St Martin's Lane, lle daeth ei ddoniau fel drafftsmon i'r amlwg. Dyma un o'i gyfansoddiadau ymddiddan cynnar, a helpodd iddo wneud enw iddo'i hun yn y maes, cyn iddo symud ymlaen at y testunau modern, moesolgar y mae'n enwog amdanynt.

Prynwyd gyda chymorth y Gronfa Casgliadau Celf Genedlaethol a Chronfa Goffa Treftadaeth Genedlaethol, 1996
NMW A 3978

Anton Raphael Mengs (1728-1779)

Richard Wilson (1712/13-1782)

1752
olew ar gynfas

Ganed y peintiwr tirluniau Cymreig Richard Wilson yn fab i glerigwr ym Mhenegoes. Aeth i hyfforddi fel peintiwr portreadau yn Llundain, ond trodd at dirlunio wrth deithio yn yr Eidal ym 1750. Ar ôl dychwelyd i Lundain, cafodd nawdd gan ddynion bonedd i beintio golygfeydd o'r Eidal, plastai gwledig, golygfeydd o Gymru a golygfeydd chwedlonol mawreddog. Ymysg ei ddisgyblion roedd y peintiwr Cymreig, Thomas Jones (1742-1803).

Peintiwyd y portread yma yn Rhufain yn gyfnewid am un o dirluniau Wilson. Yn wir, mae'r portread yn dangos Wilson o flaen un o'i dirluniau: sydd ar ei hanner. Mae'r osgo, sy'n dwyllodrus o debyg i hunanbortread, yn creu teimlad o falchder yn ei waith. Gwerthodd Wilson y portread i un o'i noddwyr pwysicaf, Syr Watkin Williams Wynn, oedd biau pedwar o'i dirluniau hefyd.

Prynwyd gyda chymorth y Gronfa Casgliadau Celf Genedlaethol, 1947
NMW A 113

Pompeo Batoni (1708-1787)

Syr Watkin Williams Wynn (1749-1789), Thomas Apperley a'r Capten Edward Hamilton

1768-72
olew ar gynfas

Syr Watkin Williams Wynn oedd tirfeddiannwr preifat mwyaf Cymru ei oes. Roedd ganddo dros 100,000 erw ar draws siroedd y gogledd a Sir Amwythig. Roedd yn weithgar iawn wrth gefnogi byd cerdd a'r celfyddydau. Aeth ar Daith Fawr ddrud iawn o amgylch Ffrainc a'r Eidal ym 1768-9 yng nghwmni Edward Hamilton, gŵr meirch a cherddor amatur, a'i gymydog Thomas Apperley o Blas Grono ger Wrecsam.

Comisiynodd Syr Watkin y portread yma ym 1768 pan gyrhaeddodd y grŵp Rufain. Batoni oedd peintiwr enwocaf y ddinas ar y pryd. Roedd teithwyr o Brydain yn arbennig o hoff o'i waith, a dyma'i bortread gorau o'r 'Daith Fawr'. Mae Syr Watkin yn sefyll ar y chwith gyda chreon a chopi o un o ffresgos Raphael yn ei law. Wrth y bwrdd, mae Apperley'n tynnu sylw ei noddwr at ddarn o *Gomedi Dwyfol* Dante. Mae ffliwt yn llaw Hamilton, ac mae'n ystumio'n llawn edmygedd. Mae'r cerflun alegorïol *Peintio* yn y gilfach y tu ôl iddyn nhw'n pwysleisio cariad y tri dyn at fyd y celfyddydau.

Prynwyd, 1947
NMW A 78

Johann Zoffany (1733-1810)

Henry Knight o Landudwg (1738-1772) gyda'i Blant

tua 1770
olew ar gynfas

Tirfeddiannwr a dyn milwrol o Forgannwg oedd Henry Knight. Mae'r portread yma'n ei ddangos gyda'i feibion Henry a Robert a'i ferch Etheldra. Nid yw ei wraig, Catherine, yn y llun am i'r pâr wahanu ym 1769. Mae'n debyg ei fod yn awyddus i ddathlu ei statws newydd fel rhiant sengl, am iddo gomisiynu'r llun yma'r flwyddyn ganlynol. Daeth Knight yn gapten y 70fed Milwyr Troed ym 1762. Credir iddo wasanaethu yn y 15fed Dragŵn Ysgafn hefyd, am fod y portread yma'n dangos ei fab hynaf yn chwarae gyda helmed y gatrawd, ac arni ei harysgrif, *Emsdorf*. Astudiodd yr artist Almaenaidd Johann Zoffany yn Rhufain. Symudodd i Lundain ym 1760, lle daeth yn un o hoff beintwyr y Brenin Siôr III. Mae'r portread yma o grŵp teuluol yn dangos cyfoeth a natur soffistigedig teuluoedd bonedd de Cymru ar y pryd. Cyfeiriad at Landudwg, cartref y teulu, sydd ychydig filltiroedd o lan y môr rhwng Pen-y-bont a Phorthcawl, yw'r morlun yn y cefndir.

Prynwyd diolch i gymynrodd Miss June Tiley, gyda chymorth y Gronfa Casgliadau Celf Genedlaethol a Chronfa Goffa Treftadaeth Genedlaethol, 1999
NMW A 13702

Thomas Gainsborough (1727-1788)

Thomas Pennant (1726-1798)

1776
olew ar gynfas

Roedd y naturiaethwr a'r topograffydd Thomas Pennant o Downing, Sir y Fflint yn enwog fel teithiwr a hynafiaethydd. Aeth i Goleg y Frenhines, Rhydychen lle dechreuodd ei yrfa ysgrifennu, ond ni chwblhaodd ei radd. Roedd ei gyhoeddiadau'n cynnwys *A Tour in Wales* yn 1778 a 1781, a sbardunodd ddiddordeb yn nhopograffeg a hanes Cymru. Artist amatur dawnus o'r enw Moses Griffith oedd ei was, a byddai'n darlunio'r llefydd roedd ei feistr yn eu disgrifio. Enillodd *British Zoology* ac *Arctic Zoology* Pennant gryn fri academaidd iddo.

Thomas Gainsborough oedd un o bortreadwyr mwyaf dawnus y 18fed ganrif. Daeth y portread yma'n enwog am y crëwyd nifer fawr o ysgythriadau ohono. Ymgartrefodd Gainsborough yn Llundain ym 1774, ar ôl treulio pymtheg mlynedd yn ninas ffasiynol Caerfaddon. Mae'r llun yma'n dangos anffurfioldeb hamddenol ei ystumiau, a gwaith brws ysgafn oedd yn nodweddu ei gyfnod cynnar yn Llundain.

Prynwyd, 1953
NMW A 97

William Parry (1742-1791)

Y Telynor Dall, John Parry (1710-1782)

tua 1775-82
olew ar gynfas

Dyma bortread sensitif o John Parry, 'Telynor Dall Rhiwabon', a beintiwyd gan ei fab. Roedd John Parry'n adnabyddus fel 'tad y telynwyr modern'. Bu'n delynor i Siôr III ac i'r tirfeddiannwr cyfoethog Syr Watkin Williams Wynn o Wynnstay, a oedd biau ail fersiwn o'r llun yma. Dywedodd y bardd Thomas Gray mai clywed Parry'n canu'r delyn yng Nghaergrawnt roddodd yr ysbrydoliaeth iddo ysgrifennu ei gerdd *Y Bardd*.

Roedd William Parry'n ddisgybl i Joshua Reynolds ac yn gyfaill agos i'r peintiwr tirluniau Cymreig, Thomas Jones. Daeth yn enwog am beintio portreadau bach, hyd llawn mewn olew a phastel. Rhoddodd Syr Watkin Williams Wynn nawdd iddo hefyd.

Prynwyd, 1996
NMW A 3979

Thomas Lawrence (1769-1830)

Thomas Williams (1737-1802)

tua 1792-5
olew ar gynfas

Thomas Williams oedd un o ffigurau blaenllaw'r Chwyldro Diwydiannol. Yn fab i Owen Williams, Cefn Coch, daeth yn un o ddynion busnes penigamp y diwydiant copr ddiwedd y 18fed ganrif, â rhai pobl yn ei alw'n 'Frenin Copr'. O 1785 ymlaen, fe oedd prif asiant mwynglawdd Mynydd Parys ger Amlwch, Ynys Môn. Fe oedd yn goruchwylio'r gwaith o echdynnu copr, a sefydlodd nifer fawr o weithiau mwyndoddi a rhwydwaith o longau i ddosbarthu ei gynnyrch. Ym 1790, daeth yn Aelod Seneddol dros Great Marlow.

Thomas Lawrence oedd prif beintiwr portreadau'r cyfnod Regentaidd. Fe'i ganed ym Mryste, ac roedd yn blentyn eithriadol. Dechreuodd ei yrfa yn ninas ffasiynol Caerfaddon. Hyfforddodd ei hunan i raddau helaeth, ac roedd e'n dal i fod yn ei ugeiniau cynnar pan beintiodd y portread cywrain yma. Mae'n dangos Williams ar anterth ei yrfa, ac mae'n canolbwyntio ar ei gymeriad, gan osod llen coch llachar y tu ôl iddo. Dangosodd Williams y llun yn ei blasty gwledig yn Berkshire.

Prynwyd, 1987
NMW A 451

Francesco Renaldi (1755-1798)

Thomas Jones (1742-1803) a'i Deulu

1797
olew ar gynfas

Mae'r peintiwr tirluniau Thomas Jones yn enwog am ei astudiaethau olew graddfa fach o adeiladau yn Napoli. Fe'i ganed i deulu o dirfeddianwyr cefnog yn Sir Faesyfed. Y bwriad oedd iddo ddilyn gyrfa yn yr Eglwys, ond penderfynodd fynd ati i hyfforddi fel artist gyda Richard Wilson yn lle. Treuliodd ei yrfa gynnar yn peintio lluniau o destunau mewn tirluniau helaeth, fel *Y Bardd* ym 1774. Teithiodd i'r Eidal ym 1776, cyn symud i Lundain ym 1784. Ym 1787, etifeddodd Pencerrig, stad y teulu ger Llanfair-ym-Muallt.

Yma mae'n dangos Jones fel sgweier ym Mhencerrig, er bod ei îsl a'i balet ganddo o hyd. Mae Maria, ei wraig o Ddenmarc, yn eistedd wrth ei holwyn nyddu gyda'u merched Anna Maria ac Elizabetha, sy'n chwarae'r sbined. Brawd iau Jones yw'r ffigur yn y cefndir yn ôl pob tebyg. Peintiwr darluniau ymddiddan a pheintiadau hanesyddol o'r Eidal oedd Renaldi. Hyfforddodd yn Ysgol yr Academi ond aeth nôl i'r Eidal ym 1781, cyn mynd i weithio yn India. Roedd Renaldi a Jones yn hen ffrindiau; roedden nhw wedi cwrdd yn Napoli ac aeth Renaldi i ymweld ag ef ym Mhencerrig ym 1797. Er bod yr olygfa i weld yn adlewyrchu'r teulu bonheddig Cymreig perffaith, mae'n cuddio'r ffaith mai plant siawns oedd eu dwy ferch, oedd yn dipyn o sgandal ar y pryd. Ganed y ddwy yn yr Eidal pan oedd Maria'n cadw tŷ'r artist.

Prynwyd gyda chymorth y Gronfa Casgliadau Celf Genedlaethol, 1961
NMW A 92

Joseph Allen (1770-1839)

Mary Evans, Mrs Fryer Todd (1770-1843)

tua 1798-9
olew ar gynfas

Mary Evans oedd cariad cyntaf y bardd Samuel Taylor Coleridge. Syrthiodd mewn cariad â hi ym 1791 pan oedd yn treulio gwyliau'r ysgol gyda'i theulu, ond methodd a dweud dim wrthi. Ym 1794, yn fuan ar ôl i Mary ddyweddïo â Fryer Todd, cafodd Coleridge gip arni wrth iddi adael eglwys yn Wrecsam, lle'r oedd hi'n ymweld â'i nain. Wrth gofio wedyn meddai, 'Es i'n sâl a bron i mi lewygu. Mae delwedd ohoni yn noddfa fy nghalon ac ni all neb byth ei rhwygo ymaith'. Cyflwynodd Coleridge ei gerdd *Yr Ochenaid* iddi pan briododd.

Hyfforddodd yr artist Joseph Allen yn Ysgol yr Academi Frenhinol, gan weithio'n bennaf yn Lerpwl a Manceinion. Treuliodd gyfnod yn gweithio yn Wrecsam rhwng 1798 a 1799, ac mae'n debyg iddo beintio'r portread yma o Mary bryd hynny. Cafodd nawdd gan sawl teulu yng Nghymru, gan gynnwys teulu Williams Wynn.

Prynwyd, 1991
NMW A 556

Thomas Barker (1769-1847) 'Barker Caerfaddon'

Hunanbortread

tua 1800-5
olew ar gynfas

Magwyd Thomas Barker ym Mhont-y-pŵl, yn fab i addurnwr llestri lacr. Symudodd y teulu i Gaerfaddon pan oedd yn 16 oed, ac yno aeth Charles Spackman, noddwr lleol, ati i feithrin ei ddawn gan dalu iddo fynd i astudio yn Llundain a'r Eidal. Enillodd testunau gwladaidd Baker yn arddull Gainsborough boblogrwydd mawr iddo. Byddai'n dychwelyd yn gyson i Gymru, lle'r oedd y tirlun yn ysbrydoliaeth fawr iddo ac i'w frodyr. Arddangosodd waith yn yr Academi Frenhinol ac mewn mannau eraill yn Llundain yn gyson o 1791 ymlaen.

Peintiodd tri hunanbortread arall. Mae copi cynnar o'r llun yma'n dangos iddo estyn allan i'r dde'n wreiddiol i gynnwys portread o broffil noddwr arall, Thomas Shew o Weston-super-Mare, sef perchennog cyntaf y llun yn ôl pob tebyg. Mae delwedd is-goch ddiweddar yn dangos yn glir bod Shew yn y cefndir. Peintiwyd dros y cefndir yn ddiweddarach, ac nid yw'n glir pryd gafodd y llun ei dorri i'w faint presennol.

Cymynrodd Miss Gwendoline Davies, 1952
NMW A 459

Francis Chantrey (1781-1841)

Thomas Johnes o'r Hafod (1748-1816)

1811
penddelw marmor

Mae Thomas Johnes yn enwog am gynllunio'r gerddi pleser enwog yn yr Hafod, Ceredigion, gan ddilyn theorïau 'Tirwedd Pictwresg' ei gefnder, Richard Payne Knight o Gastell Downton, Sir Henffordd. Daeth heidiau o ymwelwyr i weld y baradwys hynod a greodd mewn lle oedd gynt yn anghysbell ac yn ddigroeso. Roedd Johnes yn un da am drin y tir, ac aeth ati i gychwyn rhaglen helaeth o welliannau amaethyddol ar ei stad a sefydlu cymdeithas leol i barhau â'r gwelliannau.

Roedd Johnes yn noddi byd y celfyddydau hefyd, gan ffafrio'r cerflunydd Thomas Banks. Cafodd penddelw ohono gan Banks ei ddifa mewn tân yn yr Hafod ym 1807. Mae'n bosib iddo gomisiynu Francis Chantrey, cerflunydd penddelwau a cherfluniau nodedig, i greu hwn yn ei le. Cafodd Chantrey yrfa lwyddiannus dros ben. Gadawodd ei ffortiwn yn gymynrodd i'r Academi Frenhinol yn Llundain gyda'r nod o sicrhau eu bod yn dal ati i brynu 'gweithiau celf o'r safon uchaf'.

Prynwyd, 1991
NMW A 514

Martin Archer Shee (1769-1850)

Syr Thomas Picton (1758-1815)

tua 1812-13

Ganed Syr Thomas Picton yn Poyston, Sir Benfro, ac ymunodd â'r fyddin ym 1771. Bu'n filwr trwy gydol ei oes, a brwydrodd yn Rhyfel Annibyniaeth America, gwasanaethodd yn India'r Gorllewin a chreodd dipyn o stŵr fel Rhaglaw ynys Trinidad. Gwnaeth enw iddo'i hun fel Commander y 3ydd Leng yn ystod Rhyfel Iberia 1809-13. Roedd ganddo enw am fod yn anghonfensiynol ac anfoesgar, ond Picton oedd un o uwch swyddogion mwyaf dawnus Dug Wellington. Disgrifiodd Wellington ef fel 'diawl garw anfoesgar', ond cyfaddefodd hefyd ei fod 'bob amser yn ymddwyn yn eithriadol o dda; ni allai'r un dyn gyflawni'r gwasanaethau anodd a roddais iddo'n well'. Cafodd ei ddyrchafu'n Is-gadfridog ym 1811 a dangosodd ddewrder eithriadol wrth gipio Badajoz ar y ffin â Phortiwgal ym 1812. Efallai i'r portread yma gael ei beintio'r flwyddyn honno gan fod Picton wedi ei beintio yn erbyn cefndir o fŵg a thân. Hwyrach bod yr adeilad yn y gwaelod ar y chwith yn cynrychioli'r castell enwog yn Badajoz.

Peintiwr portreadau yn bennaf oedd Shee. Fe'i ganed yn Iwerddon a aeth i Lundain ym 1788 a chofrestru yn Ysgol yr Academi Frenhinol ym 1790. Cymrodd le Lawrence fel Llywydd yr Academi Frenhinol ym 1830 ac roedd yn adnabyddus fel diwygiwr brwd a dorrodd dir newydd wrth sicrhau cefnogaeth genedlaethol i'r celfyddydau.

Trosglwyddwyd o Amgueddfa Caerdydd ym 1912
NMW A 473

William Beechey (1753-1839)

Thomas Assheton-Smith (1752-1828)

1826
olew ar gynfas

Thomas Assheton-Smith o'r Faenol ger Bangor oedd un o 'Adferwyr' mawr ei oes. Adeiladodd furiau o gwmpas ei stadau ac ailwampiodd y Faenol mewn arddull neo-glasurol. Adeiladodd ffyrdd, bythynnod a harbwr, a rhwng 1809 a 1826 datblygodd chwarel fawr Dinorwig. Roedd e'n cyflogi 800 o chwarelwyr oedd yn cynhyrchu 20,000 tunnell o lechi erbyn 1826. Bu'n Aelod Seneddol dros Sir Gaernarfon rhwng 1775 a 1784.

Fel gŵr ifanc, roedd Nathaniel Dance wedi gwneud portread ohono, ond mae'r un yma'n ei ddangos fel hen ddyn. Corfforaeth Caernarfon gomisiynodd y portread yma ar gyfer Ystafell yr Uchel Reithgor yng Nghaernarfon, ond fe'i symudwyd i'r Faenol yn ddiweddarach. Cafodd William Beechey yrfa hir a llwyddiannus fel portreadwr. Peintiodd Siôr III a Siôr IV, ac fe'i gwnaed yn bortreadwr swyddogol y Frenhines Charlotte ym 1793.

Prynwyd,1985
NMW A 474

William Jones (gweithgar 1818-1869)

Richard Llwyd, 'Bardd yr Wyddfa' (1752-1835)

1835
olew ar gynfas

Roedd Richard Llwyd yn awdur, bardd ac yn awdurdod ar herodraeth ac achyddiaeth Cymru. Fe'i ganed yn y King's Head, Biwmares, Môn, yn fab i fasnachwr y glannau. Aeth i Ysgol Rad Biwmares cyn mynd yn was. Erbyn 1770, roedd yn stiward ac yn ysgrifennydd i Griffith Caerhun, ger Conwy. Dyna lle y datblygodd ei ddiddordeb mewn llyfrau, llawysgrifau a chofnodion wrth iddo weithio gydag awduron fel Syr Richard Colt Hoare a Richard Fenton. Cyhoeddodd *Poems, Tales, Odes and Sonnets, translations from the British* ym 1804, ond ei waith enwocaf oedd *Beaumaris Bay* (1800). Aeth i fyw yng Nghaer ym 1807 a chafodd ei ethol yn aelod anrhydeddus o Gymdeithas y Cymmrodorion ym 1824.

Roedd yr artist William Jones yn gweithio yng Nghaer. Datgelwyd dyddiad y peintiad yma'n ddiweddar wrth wneud gwaith glanhau ar y llun.

Prynwyd, 1933
NMW A 437

William Roos (1808-1878)

Y Parchedig Christmas Evans (1766-1838)

1835
olew ar gynfas

Ganed Christmas Evans yn Esgaer-waen ger Llandysul, Ceredigion ar ddydd Nadolig. Fel gweinidog y Bedyddwyr, fe oedd un o bregethwyr mwyaf grymus Cymru. Cafodd ei ordeinio i Eglwys y Bedyddwyr ym 1789. Ym 1791, cymrodd awenau Bedyddwyr Môn, ac ym 1802 ailgychwynnodd Gymdeithas Fedyddwyr y Gogledd. Roedd e'n ddyn mawr ym mhob ffordd – yn ôl yr hanes roedd e'n 7 troedfedd o daldra. Roedd e wedi colli llygad mewn ffeit fel dyn ifanc, ac roedd y soced wag wedi ei wnio ar gau. Roedd yn ddiwygiwr 'tân a brwmstan' efengylaidd, oedd yn denu cynulleidfaoedd mawr i wrando ar ei bregeth danbaid.

Ganed yr artist William Roos ym Modgadfa, Môn a chafodd dipyn o lwyddiant fel portreadwr ac fel peintiwr anifeiliaid. Dyma'i lun enwocaf, ac ynddo llwyddodd i bortreadu presenoldeb corfforol grymus Evans.

Prynwyd, 1907
NMW A 2410

William Etty (1787-1849)

Louisa Rolls, Mrs Vaughan (m.1853)

tua 1835
olew ar gynfas

Merch John Rolls o'r Hendre, Sir Fynwy oedd Louisa Elizabeth Vaughan. Priododd John Francis Vaughan o Courtfield, Sir Henffordd, oedd yn aelod o hen deulu Catholig Cymreig. Roedd eu plant yn cynnwys y Cardinal Vaughan, Archesgob Westminster, pedwar offeiriad a phedair lleian.

Ganed William Etty yn Sir Gaerefrog, ac roedd yn fwyaf adnabyddus am ei olygfeydd hanesyddol mawr a'i noethluniau. Ond roedd ganddo amrywiaeth eang o noddwyr teyrngar oedd yn comisiynu portreadau ganddo. Mae ôl amlwg y Dadeni yn Fenis ar ei waith, ac mae ôl Titian yma ar y dillad a'r gwallt, sy'n adlewyrchu ffasiwn y 1830au.

Prynwyd, 1958
NMW A 438

James Flewitt Mullock (1818-1892)

Syr Charles Morgan yng nghystadleuaeth aredig Cas-bach

1845
olew ar gynfas

Adferwr amaethyddol a gwyddonol oedd Syr Charles Morgan (1760-1846) o Dredegar. Roedd ganddo ddiddordeb mewn bridio da byw, trin y pridd, draenio tir ac offer a pheiriannau newydd. Roedd hefyd yn gosod ei dir ar brydles i godi glo a haearn. Fe'i gwnaed yn Llywydd Cymdeithas Amaethyddol Frenhinol Lloegr a sefydlodd Sioe Wartheg Tredegar ym 1819.

Ganed yr artist James Flewitt Mullock, oedd yn perthyn i deulu cefnog o Sir Gaer, yng Nghasnewydd, a daeth ei dad yn Faer y dref ym 1842. Roedd yn enwog am ei luniau o anifeiliaid a chwaraeon ac am wneud portreadau graddfa fach. Fe oedd yr unig athro celf yng Nghasnewydd rhwng 1868 a 1877 yn ôl y cyfeirlyfrau lleol, ac mae'n debyg na fentrodd arddangos ei waith y tu hwnt i ffiniau'r dref erioed. Mae'r llun yma'n dangos Gornest Aredig gyntaf Cas-bach, yng Nghae'r Siop yng Nghas-bach yn Ionawr 1845. Aeth Morgan, oedd yn ei saithdegau erbyn hynny, fel prif gefnogwr Clwb Aredig Cas-bach, ynghyd â rhyw gant o bobl eraill. Er bod y tirlun yn gyfarwydd ar unwaith gyda gwastatiroedd Gwent a Môr Hafren yn y cefndir, mae'n debyg i'r artist gyfansoddi'r llun yn ddiweddarach yn hytrach na'i greu yn y fan a'r lle.

Prynwyd, 2004
NMW A 26149

Karoly Marko yr Ieuaf (1822-1891)

Adelina Patti (1843-1919)

tua 1873-5
olew ar gynfas

Cantores opera oedd Adelina Patti. Daeth yn enwog am ei llais soprano gwych a'i charwriaethau lliwgar. Fe'i ganed ym Madrid ac fe'i magwyd yn Efrog Newydd. Perfformiodd am y tro cyntaf yn *Lucia di Lammermoor* Donizetti ym 1859. Symudodd i Lundain ganol y 1860au ac ym 1878 prynodd gastell neo-gothig Craig-y-Nos rhwng Ystradgynlais ac Aberhonddu ar gyfer ei chariad Ernest Nicolini, ar adeg pan oedd ei hysgariad cyntaf yn mynd trwy'r llys. Adeiladodd dŷ opera preifat yn y castell a chreodd gysylltiad rheilffordd preifat fel y gallai deithio i'w chartref anghysbell yn ei choets foethus ei hun. Priododd a Nicolini yn Abertawe ym 1886 ac ar ôl ei farwolaeth ym 1898, priododd y Barwn Rolf Cederstrom yn yr Eglwys Gatholig yn Aberhonddu. Perfformiodd yn gyhoeddus am y tro olaf ym 1914; a bu farw yng Nghraig-y-Nos yn 76 oed. Roedd Karoly Marko o Hwngari'n fab i beintiwr tirluniau. Ar ôl treulio cyfnod yn yr Eidal yn gweithio gyda'i dad, ymgartrefodd yn Rwsia, lle peintiodd y llun yma o Patti. Mae hi wedi gwisgo'n barod i sglefrio yng ngaeaf garw Rwsia.

Rhodd gan M. E. Hatherill
NMW A 515

Ambrose McEvoy (1878-1927)

Gwen John (1876-1939)

1901
olew ar gynfas

Ganed Gwen John yn Hwlffordd, a heddiw ystyrir ei bod ymhlith artistiaid benywaidd pwysicaf yr 20fed ganrif. Astudiodd yn Ysgol Gelf Slade yr un pryd a'i brawd, Augustus, a enillodd fri mawr yn ystod ei oes. Treuliodd Gwen y rhan fwyaf o'i hoes ym Mharis lle cafodd garwriaeth hir gyda'r cerflunydd Rodin. Trodd at Gatholigiaeth ym 1913 a threuliodd gweddill ei bywyd ym mhentref maestrefol Meudon. Mae ei phortreadau a'i lluniau bywyd llonydd bychan yn aml yn adlewyrchu ei chwest i fod ar ei phen ei hun.

Roedd Ambrose McEvoy'n un o'i chyfoedion yn Ysgol Gelf Slade. Yn enwog am ei ddillad lliwgar a'i agwedd danbaid, roedd McEvoy'n dilyn arddull Whistler. Gellir gweld ôl dylanwad Whistler yn yr arlliwiau cynnil, sydd bron a bod yn unlliw, ac yn llinellau niwlog y peintiad. Bu John a McEvoy'n caru am gyfnod, ond daeth y berthynas i ben ym 1901. Arhosodd y ddau'n ffrindiau, a gwnaeth sawl darlun ohoni yn ogystal â'r peintiad yma.

Prynwyd, 1998
NMW A 12827

George Roilos (1867-1928)

William Goscombe John (1860-1952)

1902
olew ar gynfas

Ganed William Goscombe John yng Nghaerdydd a daeth yn gerflunydd toreithiog a mawr ei barch oedd yn enwog am greu cerfluniau cyhoeddus a phenddelwau. Fel aelod gweithgar o Gyngor yr Amgueddfa, gwnaeth gyfraniad pwysig wrth ffurfio casgliadau cynnar Amgueddfa Genedlaethol Cymru.

Artist Groegaidd oedd yn gweithio yn Llundain ar droad y 19eg ganrif oedd George Roilos. Dyma ddarlun clasurol o'r cerflunydd wrth ei waith, sy'n ei ddangos yn ei stiwdio'n gweithio ar Gofeb Heddwch Gwarchodlu'r Coldstream yn sgil Rhyfel De Affrica, ar gyfer Eglwys Gadeiriol Sant Paul. Mae'n sefyll wrth ei îsl, gyda gwaith efydd ar blinth ar y dde iddo i bwysleisio ei brif gyfrwng creadigol. Ym 1953, disgrifiodd merch Goscombe John y portread hwn fel y tebygrwydd 'mwyaf gwirioneddol ddymunol' o'i thad.

Rhodd gan Syr William Goscombe John, 1940
NMW A 588

Margaret Lindsay Williams (1888-1960)

Clara Novello Davies (1861-1943)

1915
olew ar gynfas

Ganed y Fonesig Clara Novello Davies yng Nghaerdydd, ac fe'i henwyd ar ôl y soprano Eidalaidd, Clara Novello. Roedd hi'n perthyn i deulu Cymreig cerddorol iawn a daeth yn athrawes canu ac yn arweinydd corau heb ei hail. Efallai ei bod hi'n fwyaf adnabyddus am ei mab enwog, Ivor Novello (a aned yn David Ivor Davies). Cwta chwe mis ar ôl geni ei mab, aeth Davies â'i Chôr Merched Cymreig ar daith i lefydd mor bell â Chicago. Hi anogodd ei mab i roi ei fywyd i gerddoriaeth hefyd.

Gellid dadlau bod Margaret Lindsay Williams yn un o bortreadwyr benywaidd pwysicaf Cymru. Cafodd hithau hefyd ei geni yng Nghaerdydd, a hyfforddodd yn Ysgol yr Academi Frenhinol yn Llundain lle daeth dan ddylanwad trwm ei hathro, John Singer Sargent. Llewyrchodd ei gyrfa yn Llundain rhwng y ddau ryfel. Peintiodd bortreadau o actorion, milwyr, gwleidyddion a diwydianwyr a chafodd gomisiwn i beintio aelodau o'r teulu Brenhinol. Eisteddodd Ivor Novello fel model i Williams hefyd.

Rhodd gan Madame Clara Novello Davies, 1933
NMW A 5169

Harold Knight (1874-1961)

Y Fonesig Gwen Ffrangcon-Davies (1891-1992)

1922
olew ar gynfas

Gwen Ffrangcon-Davies oedd un o sêr y llwyfan glasurol Brydeinig yn ystod ei gyrfa a estynnodd dros 80 mlynedd. Fe'i ganed yn Llundain, a pherfformiodd ar y llwyfan am y tro cyntaf yn *A Midsummer Nights' Dream* ym 1911. Ei llwyddiant mawr cyntaf yn Llundain oedd *The Immortal Hour* o waith Rutland Boughton ym 1922. Mae'r portread yma'n ei dangos fel Etain, y Dywysoges goll, yn y cynhyrchiad hwnnw. Ym 1924 actiodd gyda John Gielgud yn *Romeo and Juliet*. Ystyrir mai'r pâr yma oedd perfformwyr gorau'r ganrif yn y ddwy rôl enwog yma.

Ganed Harold Knight yn Nottingham a hyfforddodd yn Llundain a Pharis. Ym 1903, priododd y peintwraig Laura Johnson. Treuliodd y teulu sawl blwyddyn yn yr Iseldiroedd cyn symud i Gernyw lle daethon nhw'n ffigurau dylanwadol iawn yn Ysgol Newlyn, cymuned lewyrchus o artistiaid oedd yn byw ac yn peintio ar arfordir gorllewinol Cernyw. Mae'r portread yma'n dyddio o gyfnod ar ôl iddyn nhw ddychwelyd i Lundain i fyw ym 1918.

Prynwyd, 1924
NMW A 592

Desmond Chute (1896-1962)
David Jones (1895-1974)
1926
pensil ar bapur

Gellid dadlau mai David Jones oedd un o artistiaid a beirdd modernaidd pwysicaf yr 20fed ganrif. Ei wasanaeth fel Preifat yn y Ffiwsilwyr Brenhinol Cymreig yn ystod y Rhyfel Byd Cyntaf, ei dröedigaeth i'r ffydd Gatholig a'i dreftadaeth Gymreig ysbrydolodd ei waith cymhleth a dyrys. Yn fuan ar ôl cael ei dderbyn i'r Eglwys Gatholig ym 1921, ymunodd ag Eric Gill yn Ditchling, Sussex a daeth yn aelod o Gymdeithas Trydedd Urdd Sant Joseph a Sant Dominic.

Dyna lle daeth i gysylltiad â Desmond Chute, un o sylfaenwyr y Gymdeithas, a ddysgodd iddo'r grefft o ysgythru pren. Aeth Jones ymlaen i fod yn un o ysgythrwyr Prydeinig gorau'r 20fed ganrif. Dyma bortread pensil syml ond trawiadol ohono.

Prynwyd, 1939
NMW A 16813

David Jones   [signature] 1926

John Lavery (1856-1941)

David, Iarll 1af Lloyd George (1863-1945)

olew ar gynfas
1935

Roedd David Lloyd George, 'Dewin Cymreig' byd gwleidyddiaeth dechrau'r 20fed ganrif, yn aelod o lywodraeth Ryddfrydol ddiwygiadol Asquith, a daeth yn Ganghellor y Trysorlys ym 1908. Bu'n Weinidog Arfau yn ystod y Rhyfel Byd Cyntaf, a daeth yn Brif Weinidog y Glymblaid rhwng 1916 a 1922. Gellid dadlau mai ei orchest fwyaf oedd Deddf Yswiriant Gwladol 1911. Peintiodd Augustus John a Christopher Williams bortreadau ohono hefyd.

Ganed John Lavery yn Belffast, ac aeth i Glasgow a Pharis i hyfforddi cyn ymgartrefu yn Llundain. Yno, fel dyn ifanc a pheintiwr y gymdeithas ffasiynol, roedd yn cystadlu ag Augustus John ifanc ar ddechrau ei yrfa.

Rhodd gan Syr John Lavery, 1938

Evan Walters (1893-1951)

Coliar Cymreig

1936
olew ar gynfas

Mae sawl portread a delwedd o lowyr yng nghasgliad cenedlaethol Cymru sy'n dyst i'r cyfoeth o gofnodion gwerthfawr a gadwyd am hanes mwyngloddio balch y de. Roedd y coliar ei hun yn anhysbys tan yn ddiweddar. Ond cafodd ei enwi gan ei deulu'n ddiweddar fel Thomas Rees o Langyfelach ger Abertawe. Damwain yn y pwll achosodd y graith ar ei dalcen.

Artist Cymreig cynhyrchiol ac arloesol oedd Evan Walters. Byddai'n aml yn arbrofi gyda lliw a golwg, fel y gwelwn ni yn y peintiad yma. Dyma un o ddau lun a beintiodd o'r glöwr Rees, oedd yn gefnder pell iddo.

Cymynrodd Evan Walters, 1953
NMW A 2149

Augustus John (1878-1961)

Dylan Thomas (1914-1953)

tua 1937
olew ar gynfas

Daeth Augustus John i adnabod Dylan Thomas yn Nhafarn Fitzroy, Soho, ym 1935 yn fwy na thebyg. Dyna lle y cyflwynodd yr artist Caitlin Macnamara i'r bardd. Priododd y pâr ym 1937. Peintiodd John ddau lun o'r bardd ifanc, yn fwy na thebyg diwedd 1937 neu ddechrau 1938, pan oedd Thomas a Caitlin yn aros yng nghartref ei mam ger cartref John yn Llys Fryern.

Augustus John oedd un o sêr Ysgol Gelf Slade, lle hyfforddodd ynghyd â'i chwaer, Gwen. Roedd yn ddrafftsmon medrus a chafodd dipyn o lwyddiant wrth beintio portreadau o'r gymdeithas ffasiynol. Dyma enghraifft glasurol o bortreadau John, sy'n llawn lliw ac egni. Wrth gofio'r achlysur, meddai'r artist, 'eisteddodd i mi ddwywaith, yr ail bortread oedd y mwyaf llwyddiannus: eisteddodd yn ddigon amyneddgar gyda photel o gwrw yn ei law'.

Rhodd gan y Gymdeithas Celf Gyfoes, 1942
NMW A 159

Lucian Freud (g.1922)

Cedric Morris (1889-1982)

1940
olew ar gynfas

Roedd yr artist Cedric Morris yn rhedeg yr *East Anglian School of Painting and Drawing*, yn Dedham yn gyntaf wedyn yn Benton End, lle'r aeth Freud i astudio ym 1939. Cafodd ei eni yn Sgeti, ac astudiodd ym Mharis cyn sefydlu'r ysgol gyda'i bartner, Arthur Lett-Haines.

Heb os nac oni bai, cafodd Morris ddylanwad aruthrol ar waith cynnar Lucian Freud. Ym 1981, dywedodd Freud 'dysgodd Cedric i mi sut i beintio, ac yn bwysicach na hynny, i ddal ati. Roedd e'n ddyn digon tawedog, ond gadawodd i mi ei wylio wrth ei waith. Rydw i'n edmygwr mawr o'i beintiadau a phopeth amdano'. Talodd Morris y ffafr yn ôl trwy beintio ei ddisgybl ifanc ym 1941. Mae'r gwaith honno yng nghasgliad Oriel y Tate.

Prynwyd gyda chymorth Ymddiriedolaeth Derek Williams a Cynllun Rhoddion yn lle Trethi Llywodraeth Ei Mawrhydi, 1998
NMW A 12875

Peter Lambda (1911-1995)

Aneurin Bevan (1867-1960)

1945
efydd

Ganed Aneurin neu 'Nye' Bevan yn fab i löwr yn Nhredegar. Fel arweinydd Undeb Llafur, Aelod Seneddol dros Lynebwy o 1929 ymlaen ac aelod allweddol o'r llywodraeth Lafur yn sgil y rhyfel, roedd e'n gredwr mawr yn yr egwyddor o roi cydraddoldeb i bawb trwy law'r wladwriaeth. Gellir dadlau mai gorchest fwyaf Bevan oedd sefydlu'r Gwasanaeth Iechyd Gwladol ym 1948 fel y Gweinidog dros Iechyd dan lywodraeth Clement Atlee. Daeth Bevan yn Ddirprwy Arweinydd y Blaid Lafur ym 1959, er gwaethaf y ffaith bod canser arno.

Ganed Peter Lambda yn Bwdapest, Hwngari. Dechreuodd astudio meddygaeth, cyn troi ei sylw at gerflunio ac ysgrifennu. Symudodd i Lundain ym 1938. Daeth i gysylltiad â Nye Bevan ym 1945, a pharatôdd hyn y ffordd ar gyfer un o'i benddelwau mwyaf llwyddiannus. Fe'i comisiynwyd ar gyfer Sefydliad y Gweithwyr yn Nhredegar.

Prynwyd, 1973
NMW A 2520

Heloise Crista (g.1926)

Frank Lloyd Wright (1867-1959)

1956
penddelw efydd

Ganed Frank Lloyd Wright yn Wisconsin, ond o dras Gymreig. Ystyrir ei fod yn un o sylfaenwyr pensaernïaeth fodern. Daeth yn enwog am greu 'Arddull y Paith', gyda llinellau llorweddol isel nodweddiadol ac ystafelloedd agored. Roedd Wright yn credu'n gryf mewn pensaernïaeth organig – 'pensaernïaeth rydd. Pensaernïaeth sy'n perthyn i'r lle mae'n sefyll – ac sy'n rhoi gras yn hytrach na gwarth i'r dirwedd'. Tipyn wrth dipyn, daeth ei gynlluniau'n fwy haniaethol a geometrig a dechreuodd ddefnyddio blociau o goncrit. Ei broject pensaernïol olaf oedd sbiral mawr concrit adeilad eiconig Amgueddfa Guggenheim ym Manhattan. Estynnodd ei waith arloesol dros saith degawd, gan ddylanwadu ar sawl cenhedlaeth o benseiri.

Astudiodd Heloise Crista Gelf Gymhwysol ym Mhrifysgol California, ac yn ystod y cyfnod yma darganfuodd waith Frank Lloyd Wright. Ym 1949 aeth yn brentis i Ysgol Pensaernïaeth Wright yn Nhaliesin, Wisconsin, lle cerfluniodd y gwaith yma ar gomisiwn gwraig y pensaer ym 1956.

Rhodd gan Wallace Harrison, Philip Johnson, John Maclane Johansen, Edward Durel Stone a Fred Madox, 1969
NMW A 314

Ronald Moody (1900-1984)

Paul Robeson (1898-1976)

1968
efydd

Actor, canwr ac ymgyrchydd dros hawliau sifil oedd Paul Robeson.Er mai Americanwr oedd e, roedd ganddo gysylltiad cryf â Chymru a chafodd ei daro'n arbennig gan yr ymdeimlad o gymuned a welodd ymysg glowyr de Cymru. Aeth i deithio o gwmpas y de yn y 1930au, gan berfformio mewn cyngherddau yn Aberdâr ac Aberpennar. Ym 1941, chwaraeodd ran taniwr mewn tref lofaol yng Nghymru yn y ffilm *The Proud Valley*. Er iddo orfod ildio'i basport dan arlywyddiaeth McCarthy, anerchodd Robeson Eisteddfod Glowyr 1957 ym Mhorthcawl dros y ffôn.

Ganed y cerflunydd a'r awdur Ronald Moody yn Jamaica, a symudodd i Loegr i astudio deintyddiaeth ym 1923. Cafodd y cerfluniau Eifftaidd a welodd yn yr Amgueddfa Brydeinig effaith fawr arno, a sbardunodd hyn iddo newid cyfeiriad ei fywyd. Y DDR Akademie der Kunst yn Berlin gomisiynodd y portread yma, ond bu rhaid iddynt droi eu cefn ar y gwaith am resymau gwleidyddol. Er gwaethaf natur annarogan Robeson fel model, llwyddodd Moody i gwblhau'r cerflun ar gyfer arddangosfa Hawliau Dynol 1968.

Rhodd gan Cynthia Moody, 2004
NMW A 26343

David Hurn (g.1934)

Tanni Grey (g.1969)

1996
print arian gelatin

Ganed y Fonesig Tanni Grey-Thompson, y bencampwraig baralympaidd, yng Nghaerdydd. Hi yw un o'r athletwyr mwyaf eu parch ym Mhrydain er ei bod hi wedi bod mewn cadair olwyn ers pan oedd hi'n saith oed. Dechreuodd ei gyrfa baralympaidd hynod lwyddiannus yn Seoul ym 1988, ac ers hynny mae hi wedi ennill unarddeg o fedalau aur a Marathon Llundain chwe gwaith. Cafodd ei chreu'n Fonesig yn Anrhydeddau Blwyddyn Newydd 2005.

Mae David Hurn yn ffotonewyddiadurwr mawr ei barch. Cafodd ei fagu'n rhannol yng Nghymru ac mae ganddo gysylltiadau cryf â'r wlad a'i phobl. Daw'r ddelwedd yma o gyfres o bortreadau o unigolion sydd wedi 'cyfoethogi fy mywyd a bywyd Cymru' yn ôl Hurn.

Prynwyd, 1999
NMW A 13350

David Hurn (g.1934)

R. S. Thomas (1913-2001)

1997
print ffotograffig deuliw

Ronald Stuart Thomas oedd un o feirdd pwysicaf yr 20fed ganrif. Cafodd ei ordeinio'n offeiriad yr Eglwys Anglicanaidd yng Nghymru ym 1937, a chyhoeddodd ei gyfrol gyntaf o farddoniaeth, *The Stones of the Field*, ym 1946. Roedd e'n genedlaetholwr mawr er ei fod yn ysgrifennu'n Saesneg yn bennaf. Roedd yn gresynu methiant y Cymry i wrthsefyll dylanwad Lloegr. Ysgrifennodd am 'boeni byth a hefyd am genedl oedd yn marw... a'r cwestiwn oedd yn amhosib ei hateb: ai hi sy'n cael ei lladd ynteu hi sy'n dewis marw? Cymysgedd o'r ddau am wn i'.

Mae'r ddelwedd yma gan David Hurn yn portreadu Thomas fel dyn caled a di-ildio, ond mae'r rhosyn yn ei law yn ei feddalu rhywfaint. Dyma bortread craff o unigolyn a ddisgrifiwyd yn aml fel dyn llawn cyferbyniadau.

Prynwyd, 1999
NMW A 13359

Nicholas Sinclair (g.1954)

Kyffin Williams (g.1918)

ffotograff du a gwyn

Kyffin Williams yw un o artistiaid enwocaf Cymru sy'n fyw heddiw. Fe'i ganed yn Llangefni, Ynys Môn a dim ond ar ôl gorfod gadael y Ffiwsilwyr Brenhinol Cymreig oherwydd ei epilepsi y trodd at beintio. Astudiodd yn Ysgol Gelf Slade yn Llundain rhwng 1941 a 1944 cyn mynd ymlaen i fod yn Brif Feistr Celf yn Ysgol Highgate. Mae Williams wedi ennill sawl gwobr ac anrhydedd yn ystod ei yrfa, gan gynnwys swydd Llywydd Academi Frenhinol Cambria rhwng 1969 a 1976 ac eto o 1992 ymlaen. Daeth yn aelod o'r Academi Frenhinol ym 1974. Enillodd Fedal Cymdeithas Anrhydeddus y Cymmrodorion ym 1991, a medal Glyndŵr a Medal Cymdeithas Celf Gyfoes Cymru ym 1995. Enillodd yr OBE ym 1974 a cafodd ei urddo'n farchog ym 1999.

Ganed Nicholas Sinclair yn Llundain ym 1954. Mae ei waith wedi cael ei arddangos a'i gyhoeddi'n helaeth ym Mhrydain, Ewrop ac UDA. Fe'i gwnaed yn Feistr Hasselblad yn 2003. Daw'r gwaith yma o bortffolio o ddeuddeg llun a dynnodd rhwng 1987 a 2003.

Prynwyd, 2004
NMW A 27066

Ric Bower (g.1968)

Sarah Waters (g.1966)

2005
print digidol math c

Cafodd yr awdures Sarah Waters ei geni a'i magu yn Neyland, Sir Benfro. Cyhoeddodd ei nofel gyntaf, *Tipping the Velvet*, ym 1998. Mae hi wedi ysgrifennu tair nofel bellach, *Affinity* (1999), *Fingersmith* (2002) a *The Night Watch* (2006), ac wedi ennill nifer o wobrau, gan gynnwys Awdur y Flwyddyn yng Ngwobrau Llyfrau Prydain 2003. Mae *Tipping the Velvet* a *Fingersmith* ill dau wedi cael eu haddasu i'w darlledu gan y BBC.

Ganed Ric Bower yn Llundain, ond mae'n byw ac yn gweithio yng ngorllewin Cymru erbyn hyn. Astudiodd Celf Gain ym Manceinion, ac yn 2005 cafodd radd anrhydedd dosbarth cyntaf mewn Ffotograffiaeth o Goleg Sir Gâr. Mae ei arddangosfeydd yn cynnwys sioe un-dyn yn Oriel Emrys, Hwlffordd yn 2001. Er ei fod yn beintiwr portreadau adnabyddus, cychwynnodd ei yrfa ym myd ffotograffiaeth yn fwy diweddar a daeth yn drydydd yng Ngwobr Portreadau Ffotograffig Schweppes 2005. Mae ôl dylanwad peintiadau hanesyddol ar ei brosesau ffotograffig ac mae'n defnyddio lliwiau dwfn a symbolaeth i greu naws fywiog.

Prynwyd trwy Gomisiwn Portreadau Ffotograffig AXA Art, 2005
NMW A 27902

Dominic Hawgood (g.1980)

Dr Rowan Williams, Archesgob Caergaint (g.1950)

2005
print digidol math c

Ganed Rowan Williams yn Abertawe. Ar ôl astudio Diwinyddiaeth yng Nghaergrawnt, dechreuodd ei yrfa fel academydd, a daeth yn Athro ym Mhrifysgol Rhydychen ym 1986. Fe'i gwnaed yn Esgob Mynwy ym 1992 ac yn Archesgob Cymru yn 2000, cyn cael ei gyflwyno'n Archesgob Caergaint yn 2002. Fel meddyliwr a diwinydd praff, mae e wedi cyhoeddi nifer o lyfrau, gan gynnwys dwy gyfrol o farddoniaeth.

Cafodd Dominic Hawgood ei fagu yn Sir Amwythig ac enillodd radd anrhydedd dosbarth cyntaf mewn Celf Ffotograffig o Brifysgol Cymru, Casnewydd yn 2005. Fel myfyriwr, arddangosodd ei waith mewn nifer o sioeau grŵp, ac yn Ebrill 2005 cyrhaeddodd rownd derfynol arddangosfa flynyddol gyntaf *Pobl Ifanc Ddisglair* yn Berlin. Wrth drafod y project yma, dywedodd Hawgood 'Mae'r comisiwn yma, y cyntaf i mi, yn arwydd o fy mhenderfyniad i roi perthnasedd proffesiynol newydd i fy ngwaith, ac i ddefnyddio fy sgiliau mewn ffyrdd newydd'. Mae Hawgood wedi creu llun myfyrgar, llawn naws. Mae ei ddefnydd o le a'r cyferbyniad rhwng goleuni a thywyllwch yn dwyn i gof beintiadau Vermeer.

Prynwyd trwy Gomisiwn Portreadau Ffotograffig AXA Art, 2005
NMW A 27901